Éxito

RALPH WALDO EMERSON

Éxito

El éxito que no se limita a los logros materiales

EDICIONES OBELISCO

Si este libro le ha interesado y desea que le mantengamos informado
de nuestras publicaciones, escríbanos indicándonos qué temas son de su interés
(Astrología, Autoayuda, Ciencias Ocultas, Artes Marciales, Naturismo,
Espiritualidad, Tradición…) y gustosamente le complaceremos.

Puede consultar nuestro catálogo en www.edicionesobelisco.com

Colección Éxito
Éxito
Ralph Waldo Emerson

1.ª edición: mayo de 2017

Título original: *Success*

Traducción: *Raquel Mosquera*
Maquetación: *Compaginem, S.L.*
Corrección: *Mª Ángeles Olivera*
Diseño de cubierta: *Isabel Extrada, sobre una ilustración de Shutterstock*

© 2017, Ediciones Obelisco, S. L.
(Reservados los derechos para la presente edición)

Edita: Ediciones Obelisco S. L.
Collita, 23-25. Pol. Ind. Molí de la Bastida
08191 Rubí -Barcelona - España
Tel. 93 309 85 25 - Fax 93 309 85 23
E-mail: info@edicionesobelisco.com

ISBN: 978-84-9111-222-8
Depósito Legal: B-8.516-2017

Printed in Spain

Impreso en España en los talleres gráficos de Romanyà/Valls, S.A.
de Capellades (Barcelona)

Introducción

Emerson se ha interesado con bastante frecuencia por el éxito y los diversos grados de
éxito. En diciembre de 1858, pronunció una
conferencia sobre el éxito en Hartford, y el
mes de marzo del año siguiente inició su curso
en la capilla de Freeman Place, en Boston,
con «The Law of Success». Sin duda, estas conferencias son muy semejantes a este ensayo,
que se imprimió por primera vez en *Society
and Solitude* en 1870. Sin embargo, mucho
antes, como señala el doctor Edward Emerson en las notas de sus obras completas, la

idea de que el éxito es algo subjetivo y, por así decirlo, accidental (a menudo la suma de muchos fracasos) invadió su mente y allí se mantuvo durante toda su vida.

En el otoño de 1833, cuando había dejado el ministerio y a la edad de treinta años se enfrentaba a un futuro incierto como *freelance*, Emerson escribió en su diario:

> La ingenua censura de Charles anoche hizo que le mostrara un hecho al parecer totalmente nuevo para él: que todo mi éxito está constituido por completo de fracasos concretos. Tal vez cada una de mis obras que se hicieron públicas, por poca que fuera su importancia, fue señalada en ese momento como un fracaso sin excepción. [...] Tomaré la frase de la señora Barbauld como mi lema [sobre un arroyo]: «Y cuantas más veces caigo, más rápido me muevo».

Pero el ensayo de Emerson sobre el éxito no ha sido elegido para su publicación por separado por su referencia autobiográfica, sino más bien por su peculiar atemporalidad. ¡Cuán actual es el énfasis de la concisa sabiduría concordiana en el primer párrafo del ensayo!:

Nosotros, los estadounidenses, no podemos ser acusados de lentitud en el rendimiento ni en el elogio que hacemos de él. Nuestros motores sacuden la Tierra. Sentimos nuestra juventud, nuestros nervios y nuestros huesos. Tenemos el poder del territorio y de la costa, y sabemos cómo usarlo. Contamos nuestro censo, leemos nuestras crecientes valoraciones, estudiamos nuestro mapa, que queda desactualizado en un año o dos. Nuestros ojos recorren con aprobación las líneas crecientes de ferrocarril y telégrafo. Nos hemos acercado más al Polo. Hemos descubierto el continente antártico. Interferimos en América Central y del Sur, en Cantón y en Japón; estamos añadiendo más terreno a un territorio ya enorme. Nuestra constitución política es la esperanza del mundo, y nos valoramos por todas estas hazañas.

No somos más lentos ahora de lo que lo éramos en 1870, tanto en el rendimiento como en el elogio que hacemos de él; no hemos cesado de hacer temblar la Tierra con nuestros motores y tenemos territorios y costas en las antípodas. Las líneas de ferrocarril y telégrafo siguen aumentando. No sólo nos hemos acercado al Polo, sino que un explorador estadounidense, en medio del aplauso de la prensa y la oposición de los competidores, ha puesto un pie en él. Puede que nuestra constitución política no sea ahora la esperanza del mundo por unanimidad. Tal vez sentimos menos nuestra juventud, nuestros nervios y nuestros huesos. Sin embargo, todavía nos valoramos por estas hazañas y símbolos de éxito objetivo, y las máximas emersonianas tienen una relevancia más profunda y de mayor alcance de lo que podrían haber tenido para el público en 1858, o para los lectores en 1870.

Muchos escritores desde los tiempos de Emerson han exaltado la sensibilidad del talento en la escala de poderes, pero nadie, ni siquiera Walter Pater, lo ha hecho de una forma tan persuasiva. Sin embargo, ni tan sólo una pequeña parte del atractivo de la visión emersoniana del éxito reside en el hecho de que no se limita en modo alguno a los logros intangibles. Como todos los verdaderos ciudadanos de Nueva Inglaterra, o tal vez podríamos decir como todos los verdaderos trascendentalistas, Emerson valoró ese éxito que los vecinos pueden ver, aunque valoró más, muchísimo más, ese respeto por nosotros mismos, que acaece, como él mismo afirma, si hemos tenido éxito. Es esta autoestima que surge de una «percepción sensata y silenciosa» la que Emerson exalta y expone de manera sutil y convincente en las siguientes páginas. ¿Quién puede decir que en la batalla de negocios grandes y pequeños, en la política tripartita, en la cultura conversacional, en la ciencia aplicada, en la educación vocacional y en una religión que «paga dividendos» no hay lugar para el «alma tranquila, fundamentada y con visión de futuro», que, como afirma Emerson, «no es una recomendación expresa, ni un abogado, ni un magistrado»; que «yace en el sol y protege el mundo».

F. G.

11 de octubre de 1912

Éxito

Una cosa es buena para siempre.
Esa cosa es el éxito,
preciado para las Euménides
y para toda criatura celestial.
Quien se queda en casa no busca fuera,
porta las águilas y domina la espada.

Pero si haces todo lo posible,
sin remisión, sin descanso,
e invitas al rayo de sol,
y aborreces fingir o aparentar
incluso para aquellos a quienes deberías amar
y aprueban tu comportamiento;
si eres tu propia semejanza,
sea salud o enfermedad;
si eres hijo de tu padre,
si no llevas máscara ni mientes,
lidiando de forma pura y manifiesta.

Éxito

Nosotros, los estadounidenses, no podemos ser acusados de lentitud en el rendimiento ni en el elogio que hacemos de él. Nuestros motores sacuden la Tierra. Sentimos nuestra juventud, nuestros nervios y nuestros huesos. Tenemos el poder del territorio y de la costa, y sabemos cómo usarlo. Contamos nuestro censo, leemos nuestras crecientes valoraciones, estudiamos nuestro mapa, que queda desactualizado en un año o dos. Nuestros ojos recorren con aprobación las líneas crecientes de ferrocarril y telégrafo. Nos hemos acercado más al Polo. Hemos descubierto el continente antártico. Interferimos en América Central y del Sur, en Cantón y en Japón; estamos añadiendo más terreno a un territorio ya enorme. Nuestra constitución política es la esperanza del mundo, y nos valoramos por todas estas hazañas.

Es la manera del mundo; es la ley de la juventud y de una fortaleza en desarrollo. Cada hombre alberga cierta superioridad triunfante, que, a través de alguna adaptación de los dedos, o de las orejas, o de los ojos, o de una destreza cifrada, o pugilística, o musical o literaria, enriquece la comunidad con un nuevo arte; y no sólo nosotros, sino también todos los hombres de la población europea, valoran estos hechos. Giotto podía dibujar un círculo perfecto; Erwin de Steinbach podía construir una catedral; Olaf, rey de Noruega, podía correr alrededor de su galera sobre las palas de los remos de los remeros cuando el barco estaba en movimiento; Ojeda podía correr con rapidez sobre un tablón proyectado desde lo alto de una torre, dar media vuelta y volver;

Evelyn escribe sobre Roma: «Bernini, el escultor, arquitecto, pintor y poeta florentino, poco antes de mi llegada a Roma, dio una ópera pública en la que pintó los decorados, talló las estatuas, inventó los motores, compuso la música, escribió la comedia y construyó el teatro».

«No hay nada en la guerra –dijo Napoleón– que no pueda hacer con mis propias manos. Si no hay nadie para fabricar pólvora, la puedo fabricar yo. Sé cómo construir los afustes. Si es necesario realizar cañones en la fragua, yo los puedo hacer. Si es preciso enseñar los detalles para que funcionen durante la batalla, yo los enseñaré. En la administración, como ya saben, yo soy el único que ha organizado las finanzas».

Cuando la madera en los astilleros de Suecia se estropeó debido a la putrefacción, existen evidencias de que Linneo, gracias a su conocimiento, fue requerido por el gobierno para que encontrara una solución. Estudió los insectos que habían atacado a la madera y descubrió que ponían sus huevos en los troncos durante ciertos días de abril. Así, ordenó que durante diez días a lo largo de esa estación los troncos se sumergieran en el agua en los muelles. Tras este proceso, advirtieron que la madera no estaba dañada.

Colón encontró muchísimo oro en Veragua, pero cuando se disponía a abandonar la costa, con ciento cincuenta hábiles marineros en el barco, algunos de ellos ya muy versados en su oficio, y según él, con demasiada experiencia y sedientos de traición, el sabio almirante guardó sus notas privadas del camino de vuelta. Cuando llegó a España les dijo al rey y a la reina: «Pueden preguntar a todos los tripulantes que vienen conmigo dónde se halla Veragua. Déjenles que les digan si pueden localizar Veragua. Yo afirmo que sólo pueden decir que partieron a tierras donde había mucho oro, pero no conocen el camino para regresar allí. Estarían obligados a emprender un viaje de descubrimiento igual que si nunca hubieran estado en ese lugar antes. Existe una manera de calcular —agrega orgullosamente—, derivada de la astronomía, que es segura e infalible para cualquiera que la entienda».

Hipócrates, en Grecia, supo cómo detener la terrible peste que asolaba Atenas, y su conocimiento murió con él. El doctor Benjamin Rush, en Filadelfia, ayudó de forma heroica a esta ciudad a superar la fiebre amarilla en el año 1793. Leverrier tenía en su mente el sistema de Copérnico y sabía dónde buscar el nuevo planeta. Asimismo, una estadounidense escribió una novela de la cual se vendió un millón de ejemplares en todos los idiomas, que tenía el mérito de hablar al corazón universal, y que leyeron con el mismo interés tres tipos de público en todas las casas, a saber, en la sala, en la cocina y en el cuarto del bebé. Hemos visto mujeres que pudieron fundar escuelas y hospitales en los ejércitos. Hemos visto a una mujer que con una canción podía ablandar las almas de poblaciones enteras. Y no existe un límite para estos tipos de talento.

Éstas son las artes a las que debemos estar agradecidos, ya que cada una de ellas es una nueva dirección del poder humano. No podemos elegir, sino respetarlas. Nuestra civilización está compuesta de un millón de contribuciones de este tipo. Para estar seguros del éxito lo ponemos a prueba en otras personas, puesto que en primer lugar lo probamos en nosotros mismos. Nos respetamos más si tenemos éxito. Tampoco concedemos a regañadientes a cada uno de estos benefactores el elogio o el beneficio de su industria.

En estos ejemplos ya hay tipos bastante diferentes de mérito moral. No sé, pero nosotros y nuestra raza en otro lugar otorgamos un valor mayor a cualquier tipo de riqueza, victoria y superioridad grosera que otros hombres; tenemos menos tranquilidad mental y somos menos fáciles de satisfacer. Al sajón se le enseña desde la infancia a que sea siempre el primero. El nórdico era un jinete, luchador y saqueador inquieto. Las antiguas baladas nórdicas lo describen como afligido con su continua sed de victoria. La madre le dice a su hijo:

El éxito estará en tu corcel alto,
el éxito en ti mismo, que es lo mejor de
todo,
el éxito en tus manos, el éxito en tus pies,
en la lucha con el hombre, en la batalla con
el bruto:
Dios santo y san Drothin
nunca cerrarán los ojos ante tu carrera.
¡Atento, atento, Svend Vonved!

Estas hazañas que ensalzamos no tienen tanto significado como afirmamos. Estas artes de las que alardeamos tienen un origen bastante reciente. Son comodidades locales, aunque lo cierto es que no nos aportan ningún prestigio. Los hombres más grandes del mundo han logrado no desearlas. Newton era un gran hombre que no tenía telégrafo, ni gas ni coche de vapor ni zapatos de goma ni cerillas Lucifer ni éter para el dolor. Lo mismo que Shakespeare, Alfred, Escipión y Sócrates también fueron personalidades destacadas. Éstas son comodidades locales, pero qué fácil es ir ahora a lugares del mundo donde no sólo todas estas artes son deficientes, sino que también son despreciadas. Los jeques árabes, la gente más digna del planeta, no las quieren, y aun así tienen tanto respeto por sí mismos como los ingleses, y son capaces de impresionar con facilidad al francés o al estadounidense que los visita con el respeto que se muestra a un hombre valiente y suficiente.

Estas hazañas sin duda deben tener mucho valor, y algunas de ellas implican el poder de una clase alta. Pero el público valora el invento más que al inventor. Este último sabe que se puede hacer más y mejor. En cambio, el público ve en él un secreto lucrativo. Los hombres ven la recompensa de la que disfruta el inventor y piensan: «¿Cómo lo podemos conseguir?». La causa y el efecto son en cierto sentido tediosos; ¿cómo llegar al resultado por medios más breves o falsos? No somos escrupulosos. Lo que exigimos es la victoria, sin tener en cuenta la causa. Después del mandato de Rob Roy, después de la dominación de Napoleón, queremos ser los más fuertes, del mismo modo que los Talleyrand, que son gente prudente que va más rápida que sus vecinos, que detecta el primer momento de declive y, al instante, se sitúa en el lado ganador. He oído decir que Nelson solía afirmar: «No importa la justicia ni la impudicia, sólo dejadme tener éxito». El único cometido del abogado lord Brougham es «salvar al prisionero». Fuller cita la siguiente máxima para los abogados: «Una corona, una vez usada, limpia todos los defectos de su portador». *Rien ne réussit mieux que le succès* («Nada tiene tanto éxito como el éxito»). Y nosotros, los estadounidenses, estamos contaminados con esta locura, como se hace patente en nuestras bancarrotas y nuestra política imprudente. Somos grandes por la exclusión, la codicia y el egoísmo. Nuestro éxito quita a todos lo que le da a uno. Es una carrera maliciosa hacia la suerte que nos agobia y nos demacra.

El egocentrismo es una especie de bucarán que proporciona fuerza y concentración momentánea a los hombres y que parece que se emplea mucho en la naturaleza en los tejidos que exigen energía local y espasmódica. Podría señalar a hombres de este país con este talante de los que no podríamos prescindir y cuya importancia es indispensable para el desarrollo de la vida estadounidense; cualquiera de ellos constituiría una pérdida nacional. Pero el egocentrismo estropea la conversación. Estos hombres no intentarán llegar a conclusiones con vosotros; una y otra vez están imponiendo su ego mimado. Es evidente que tienen una gran educación para alcanzar la simplicidad y la sinceridad, que es lo que más le gusta a un hombre sabio de su compañero. La naturaleza sabe cómo convertir el mal en bien; la naturaleza, para lograr sus fines, utiliza a los avaros, a los fanáticos, a los hombres del espectáculo y a los egocéntricos, pero no por ello debemos tener mejor opinión de estas debilidades. La pasión por el éxito inmediato es grosera y pueril, del mismo modo que en la guerra se usan cañones y ejecuciones para despejar el terreno de salvajes malos, torpes e irrecuperables, pero siempre para el perjuicio de los conquistadores.

Odio este americanismo superficial que espera enriquecerse por honor, obtener conocimiento mediante parloteos a medianoche, aprender la economía de la mente por medio de la frenología, o conseguir habilidades sin estudio, o maestría sin aprendizaje, o vender bienes fingiendo que venden, u obtener el poder haciendo creer que son poderosos, o a través de un jurado o un comité con sobornos y «repetición» de votos, o tener riqueza mediante el fraude. Piensan que lo han conseguido, pero han obtenido otra cosa: un crimen que llama a otro crimen, y otro demonio detrás de eso; son pasos hacia el suicidio, la infamia y el daño de la humanidad. Nos toleramos mutuamente en esta vida de espectáculo, exageración, publicidad y creación de la opinión pública, y el prestigio se pierde de vista ante el hambre repentina de resultados y elogios.

Un hombre sabio, Miguel Ángel, un artista italiano, escribió esto de sí mismo: «Sin embargo, tras fallecer el cardenal Hipólito, en quien se centraban todas mis esperanzas, comencé a entender que las promesas de este mundo son, en su mayor parte, vanos fantasmas, y que confiar en uno mismo y convertirse en algo digno y valioso es la mejor y más segura forma de proceder». Ahora bien, aunque no estoy seguro de que el lector acepte todas mis proposiciones, creo que estaremos de acuerdo en mi primera regla para el éxito; dejaremos de lado el alardeo y la propaganda, y seguiremos el consejo de Miguel Ángel:

Confiar en uno mismo y ser algo digno y valioso.

Cada hombre tiene una aptitud que nace con él. A menudo tengo que decir que cada uno debe hacer su trabajo, aunque lo cierto es que la naturaleza lo dice todavía con mayor frecuencia. Es patético insistir en hacer todo con tus propias manos, como si cada hombre tuviera que construir su propia casa de manera torpe, forjar su martillo y hornear su masa; sin embargo, debe atreverse a hacer lo que mejor sabe hacer; no ayudar a los demás como le indican, sino del modo en que él sabe que su poder será útil. Hacer lo contrario es neutralizar todos esos extraordinarios talentos especiales repartidos entre los hombres. No obstante, aunque esta verdad es esencial para el mundo, así como para el crecimiento y la gloria de cada mente, es raro encontrar a un hombre que crea su propia idea o que hable de lo que fue creado para decir. Como no existe nada que sorprenda a los hombres tanto como el sentido común y la sinceridad, nada es más insólito en un hombre que un acto propio. Cualquier trabajo le parece maravilloso, excepto el que él puede hacer. No creemos en nuestra propia idea; debemos servir a alguien; tenemos que citar a alguien; sentimos predilección por lo viejo y lo distante; nos emocionan los grandes nombres; importamos la religión de otras naciones; citamos sus opiniones y mencionamos sus leyes. Los tribunales más serios e instruidos de este país se estremecen frente a una nueva pregunta, y esperarán meses, e incluso años, para que se produzca un caso que pueda ser torturado para crear un precedente, y así lanzar el *peso* de una iniciativa a un partido más audaz. Por ende, en nuestro seno no llevamos a un defensor, o no lo conocemos, y como no podemos sacudir de nuestros zapatos este polvo de Europa y de Asia, el mundo parece que ya ha nacido viejo, la sociedad se encuentra bajo un hechizo, cada hombre es un prestatario y un imitador, la vida es teatral y la literatura una cita, y de ahí esa depresión de los espíritus, ese surco de preocupación que se dice que marca cada ceño estadounidense.

La confianza en uno mismo es el primer secreto del éxito, la creencia de que si estás aquí es porque las autoridades del universo te situaron en este lugar, y por algún motivo, o con alguna tarea, te designaron estrictamente en tu constitución, y mientras trabajes en eso estarás bien y tendrás éxito. No consiste de ningún modo en precipitarse de manera prematura hacia una ostentosa hazaña que llamará la atención y satisfará a los espectadores. Es suficiente si trabajas en la dirección correcta. Lejos de que la ejecución sea el verdadero éxito, es evidente que éste apareció mucho antes, es decir, cuando todas las hazañas que constituyen nuestro civismo, procedieron de cabezas bien amuebladas. La fama de cada descubrimiento se une debidamente a la mente que creó la fórmula que contiene todos los detalles, y no a los fabricantes que ahora se ganan la vida con ella. Aunque la multitud aclama de manera uniforme al editor, y no al inventor. Es la torpeza de la multitud, por lo que no pueden ver el plan de acción y el trabajo en el modelo del proyector. Si bien es tan sólo una idea, se rechaza, a pesar de que se trate de un nuevo combustible, de un nuevo alimento o de la creación de la agricultura. Es una quimera, pero cuando es un hecho y llega en forma de 8 %, gritan: «Es la voz de Dios». Horatio Greenough, el escultor, me dijo las siguientes palabras acerca de la visita de Robert Fulton a París:

Fulton llamó a la puerta de Napoleón con su barco de vapor y fue rechazado, y Napoleón vivió el tiempo suficiente para saber que había descartado un poder mayor que el suyo.

¿No existe el amor por el conocimiento, por el arte y por nuestro diseño en sí mismo? ¿No podemos complacernos realizando nuestro trabajo, o ganando verdad y poder, sin ser alabados por ello? Yo consigo mi objetivo; de hecho, alcanzo todos los objetivos si puedo hacer llegar a mi compañero cualquier declaración que le enseñe su propio valor. El hecho es que la sabiduría nunca pierde el tiempo dedicado al trabajo. El buen trabajador nunca afirma: «Bueno, esto será suficiente», sino: «Bueno, ya está: probadlo y volved; durará para siempre». Si el artista, en cualquier arte, es un buen profesional de su propio trabajo, es poco significativo que todavía no consiga pedidos o clientes. Yo declaro a ese joven feliz, puesto que se contenta con haber adquirido la habilidad que tenía como objetivo y espera de buen grado que llegue la ocasión de hacer que sea apreciada, sabiendo muy bien que no perderá el tiempo. El tiempo que tu rival emplea en coronar su trabajo para buscar un efecto inmediato y para el mercado tú lo inviertes en estudios y experimentos para el conocimiento y la eficacia real. De este modo, él ha vendido su fotografía o su máquina, o ha conseguido el premio, o ha obtenido el nombramiento, mientras que tú te has educado en una escuela superior de arte, y unas cuantas horas mostrarán la ventaja del verdadero maestro frente a la breve popularidad del artista. Sé que es un buen momento para discriminar esta confianza en uno mismo, que es la promesa de todo vigor y rendimiento mental a partir de la enfermedad a la que está aliada (la exageración del papel que podemos jugar); sin embargo, se trata de dos cosas distintas. Pero la cordura consiste en saber que, sobre mi talento o don, y un millón de veces mejor que cualquier talento, se encuentra la inteligencia central que subordina y usa todos los talentos; y sólo tiene valor como una puerta abierta a cualquier talento o al conocimiento que otorga. Sólo quien entra en esta inteligencia central, en la que no pueden existir el egoísmo ni la exageración, entra en posesión de sí mismo.

Otro punto que hay que tener en cuenta es que en la escala de poderes lo mejor no es el talento, sino la sensibilidad: el talento se limita, pero la vida nos pone en relación con todo. Cuántas veces parece que el bien supremo nace con un temperamento alegre y adecuado a la raza humana. Un hombre así se siente en armonía y es consciente de una fuerza infinita gracias a su receptividad. Al igual que Alfred, «la buena fortuna lo acompaña como un don de Dios». Siéntete a ti mismo y no te amedrentes ante las cosas. La plenitud del hombre discurre en los objetos y hace que sus Biblias, Shakespeares y Homeros sean tan grandes. El feliz lector toma prestadas sus propias ideas para rellenar su perfil defectuoso sin saber que recibe y, a la vez, da.

Existe cierta pobreza en nuestra crítica. Damos por sentado que hay pocos grandes hombres y que todos los demás son insignificantes; que existe un solo Homero, un Shakespeare, un Newton y un Sócrates. Pero el alma, en su momento radiante, no reconoce estas usurpaciones. Deberíamos saber cómo alabar a Sócrates, a Platón o a san Juan sin empobrecernos. En los buenos momentos no nos parece que Shakespeare u Homero sean tan magníficos; sólo han sido traductores de un presente feliz y de las posibilidades divinas de cada hombre y mujer. El buen libro lo hace el buen lector; una buena cabeza no puede leer mal, ya que en cada libro encuentra fragmentos que parecen confidencias o acotaciones ocultas de todo lo demás, que, sin lugar a dudas, van dirigidas a su oído.

Del alma del observador surge la luz gracias a la cual vemos en este mundo. Dondequiera que resida un sentimiento noble, hace brillar las caras y las casas a su alrededor. Es más, los poderes de este ocupado cerebro son milagrosos e ilimitados. Allí se encuentran las reglas y fórmulas por las que obra el imperio de la materia en su conjunto. No existe ningún tipo de prosperidad, comercio, arte, ciudad o gran riqueza material, pero si lo rastreas lo encontrarás arraigado en el pensamiento de algún hombre individual.

¿Es toda la vida algo superficial? Es curioso, pero nuestra distinta agudeza parece que es sólo una diferencia de impresionabilidad o de poder para apreciar voces y visiones vagas e infinitamente más débiles. Cuando el erudito o el escritor ponen en funcionamiento su cerebro en busca de pensamientos y versos, y después sale a la naturaleza, ¿no advierten nunca que existe una poesía insinuada mejor en la melodía que silba un muchacho, o en el gorjeo de un gorrión, que en toda su obra? Nosotros lo llamamos salud. ¿Qué es tan admirable como la salud de la juventud? Con sus largos días, porque sus ojos están bien, y las circulaciones vigorosas lo mantienen caliente en habitaciones frías, ama los libros que hablan a la imaginación y puede leer a Platón cubierto hasta la barbilla con una manta en una fría cámara alta, aunque deba asociar los *Diálogos* con el olor a lana hasta el final de sus días. El hecho de que los efectos naturales sean continuamente desplazados y los arreglos artificiales sustituidos se puede considerar la desgracia de la vida. Recordamos cuando en nuestra temprana juventud la tierra hablaba y los cielos brillaban; cuando nos bastaba una noche cualquiera, sombría e invernal, con granizo y nieve; cuando las casas estaban en el aire. Ahora necesitamos una extraña combinación de nubes y luces para superar lo común y lo cruel. ¿Qué es lo que buscamos en el paisaje, en los atardeceres y amaneceres, en el mar y el firmamento? ¿Qué sino una compensación por las limitaciones y la mezquindad de las actuaciones humanas? Disfrutamos del día, y la mente encuentra algo tan grande como ella misma. En la naturaleza todo es un gran y profundo reposo. Recuerda lo que le sucede a un chico de ciudad que en octubre se encamina por primera vez a los bosques. De repente se inicia en una fastuosidad y una gloria que le hace experimentar los sueños del romance. Él es el rey que soñó ser; camina entre tiendas de oro, entre emparrados de carmesí, pórfido y topacio, pérgola tras pérgola, adornadas con vides, flores y rayos de sol, con incienso y música, con tantos matices para sus atónitos sentidos; las hojas titilan, despiertan su curiosidad y lo halagan, y su mirada y sus pasos son tentados por distancias nebulosas hacia soledades más felices. Toda esta felicidad sólo se debe a su percepción más precisa. El propietario del aserradero encuentra tan sólo unos cuantos árboles descoloridos y afirma: «Se deben talar; no van a crecer más; deberían cortarse antes de la primavera».

Wordsworth escribe sobre los placeres del niño en la naturaleza:

> Pues nunca volverá el momento de esplendor en la hierba, de gloria en la flor.

Pero acabo de ver a un hombre que sabe bien de lo que habla, y que me ha dicho que no está de acuerdo con ese verso; que sus ojos se fueron abriendo a medida que envejecía y que para él cada primavera es más hermosa que la anterior. Vivimos entre dioses creados por nosotros mismos. ¿Producen esas graves campanadas, que para muchos han supuesto breves noches de nervios, algo más que vibraciones acústicas? ¿Es la vieja iglesia que te ofreció la primera lección de vida religiosa, o la escuela del pueblo, o la universidad donde conociste por primera vez los sueños de la fantasía y las alegrías del pensamiento, sólo un montón de tablas o ladrillos y argamasa? ¿Es la casa en la que naciste, o la casa en la que vivió tu amigo más querido, sólo un bien inmueble cuyo valor está cubierto por la compañía de seguros? Mientras caminas por la playa, disfrutas de la animación de la escena. Tomas un poco de agua con tus manos, así como un puñado de arena de la orilla: éstos son los elementos. ¿Qué es la playa sino kilómetros de arena? ¿Qué es el océano sino muchísimos metros cúbicos de agua? Un poco más o menos no significa nada. Esta materia bruta es parte de algo no bruto. El suelo de arena está sostenido por la gravedad esférica y curvado para que forme parte del globo redondo, bajo el cielo óptico, parte de la asombrosa astronomía, y que por fin existe para fines y causas morales.

El mundo no está constituido por cifras; bien, sólo la mitad, y también está hecho de colores. ¡Cómo baña ese elemento el universo con sus encantadoras ondas! El escultor había terminado su obra y contemplaba un nuevo mundo de gloria onírica. Es el último golpe de la naturaleza; no puede ir más allá del color. De la misma manera, la vida está compuesta no sólo de conocimiento, sino también de amor. Si el pensamiento es la forma, el sentimiento es el color. Viste el esqueleto del mundo con espacio, variedad y resplandor. Los matices de la puesta del sol hacen que la vida sea maravillosa. Del mismo modo, los afectos constituyen un pequeño e importante entramado de cabañas y chimeneas abarrotadas que llenan el espacio principal de nuestra historia.

El hecho fundamental en nuestra constitución metafísica es la correspondencia del hombre con el mundo, de modo que cada cambio en él escribe un registro en la mente.

La mente cede con clemencia a las tendencias o leyes que fluyen a través de las cosas y crean el orden de la naturaleza. La salud y la fuerza del hombre consisten en la perfección de esta correspondencia o expresividad. Si seguimos este indicio en nuestra educación intelectual, descubriremos que nuestra primera necesidad no son proposiciones ni nuevos dogmas ni una exposición lógica del mundo, sino vigilar y apreciar con ternura las sensibilidades intelectuales y morales, aquellas fuentes del pensamiento correcto, y convencerlas de que se queden y formen su hogar junto a nosotros. Mientras permanezcan con nosotros no pensaremos mal. Nuestra percepción supera ampliamente nuestro talento. Llevamos las lecciones del más alto nivel de religión y de poesía de manera desproporcionada más allá de nuestra habilidad para enseñar. Además, el gran oído y la solidaridad de los hombres son más verdaderos y sabios de lo que acostumbra a ser su habla. Necesitamos una gran compasión para cualquier estudiante de la mente, ya que la diferencia principal entre un hombre y otro reside en la impresionabilidad. Aristóteles, Bacon o Kant postulan alguna máxima que es la base de la filosofía. Pero me interesa más saber que cuando por fin han pronunciado su gran palabra, es sólo una experiencia familiar de cada hombre de la calle. Si no lo es, nunca se escuchará de nuevo.

¡Ojalá uno pudiera mantener esta sensibilidad y vivir en el feliz y suficiente presente, y encontrara el día y sus modos baratos satisfactorios, que sólo piden receptividad en ti, sin tensos esfuerzos ni flageladoras ambiciones que te estimulen en exceso para que estés a la cabeza de tu clase y de la sociedad, y que obtengas distinción y elogios, y hagas ostentación! No somos fuertes por nuestro poder de penetrar, sino por nuestra manera de relacionarnos. El mundo se amplía para nosotros, no a través de nuevas metas, sino encontrando más afinidades y potencias a partir de las que ya tenemos.

Esta sensibilidad aparece en el homenaje a la belleza que exalta las facultades de la juventud, así como en el poder que la forma y el color ejercen sobre el alma, y cuando vemos ojos que son un elogio a la raza humana, rasgos que explican la escultura de Fidias. Fontenelle afirmó: «Hay tres cosas por las que tengo curiosidad, aunque no sé nada de ellas: la música, la poesía y el amor». Los grandes médicos de esta ciencia son los hombres más grandiosos: Dante, Petrarca, Miguel Ángel y Shakespeare. El sabio Sócrates trata este tema con cierto aire se superioridad, pero con expresiones muy marcadas. Dice: «Siempre estoy afirmando que sé, digamos por casualidad, nada más que una mera nimiedad en lo referente a asuntos amorosos; sin embargo, en ese tipo de aprendizaje reivindico que soy más experto que cualquier hombre del pasado o el presente». Pueden hablar de esta manera incierta acerca de su conocimiento y de esta manera confiada de su voluntad, pues el secreto es tan profundo que es difícil de detectar. Sin embargo, el genio se mide por su habilidad en esta ciencia.

¿A quién, en la juventud, en la madurez, o incluso en la vejez, no le gusta oír hablar de esas sensibilidades que atraen las miradas en la iglesia y emiten maravillosos haces ópticos en las asambleas, de uno a otro, sin perderse en la mayor de las multitudes? El estadístico aplicado cuenta decenas y cientos; al hombre afable le interesa cada persona que entra en la asamblea. La pasión, como en todas partes, se arrastra bajo las nieves de Escandinavia, bajo los fuegos del ecuador, y nada en los mares de la Polinesia. Lofn es una divinidad tan poderosa en la Edda nórdica como Kamadeva en la bóveda roja de la India, Eros para los griegos o Cupido en el cielo latino. Y lo que resulta especialmente cierto del amor es que se trata de un estado de impresionabilidad extrema: el amante tiene más sentidos y están más desarrollados que los demás; sus ojos y sus oídos son telégrafos; lee augurios en las flores, las nubes, las caras, las formas y los gestos, y los lee de manera acertada. En su sorpresa ante el entendimiento completo y repentino que existe entre él y la persona amada se le ocurre que de alguna manera podrían encontrarse con independencia del momento y del lugar. ¡Qué deliciosa la creencia de que podía evitar a todos los guardianes, precauciones, ceremonias, medios y retrasos, y mantener una comunicación instantánea y sempiterna!

En la soledad y en el destierro, volvió la esperanza y el experimento fue probado con avidez. Los poderes divinos parecen adoptar su papel. Lo que debía salir de sus labios era pronunciado por su amiga. Cuando salía al extranjero, encontraba, por maravillosas casualidades, a la única persona que buscaba. Si durante su paseo miraba hacia atrás por casualidad, su amiga estaba caminando detrás de él. Y, con frecuencia, el artista ha dibujado en sus cuadros el rostro de la futura esposa a la que todavía no había visto.

Pero también en las autocomplacencias, de ninguna manera tan estrictas como ésta de la pasión, al hombre sensible le parece una delicia tan sólo escuchar la voz de un niño que se dirige únicamente a él, o ver las hermosas formas de la juventud de ambos sexos. Cuando el hecho es pasado y remoto, ¡cuán insignificante es lo más grande en comparación con el atrevimiento del presente! Hoy, en el examen de la escuela, el profesor interroga a Sylvina en la clase de historia sobre Odoacro y Alarico. Sylvina no lo recuerda, pero sugiere que Odoacro fue derrotado y el profesor responde enfadado: «No, él derrotó a los romanos». Pero es evidente para el visitante que no se trata en absoluto de Odoacro y que Sylvina tiene una importancia relevante, y si ella dice que fue derrotado, debería haber sido derrotado en lugar de hacerle pasar un instante molesto. Si hubiese una sola partícula de caballerosidad en Odoacro habría dicho:

Dejadme ser derrotado mil veces.

Y del mismo modo que nuestra ternura por la juventud y la belleza confiere una nueva y justa importancia a sus reivindicaciones frescas y diversas, la sensibilidad da la bienvenida a toda excelencia y percibe y acoge a la virtud donde quiera se halle. Un hombre inglés de marcado carácter y talento, que había llevado consigo a uno o dos amigos y una biblioteca de místicos, me aseguró que en Inglaterra no había nadie ni nada de interés; se había llevado con él todo lo que estaba vivo. Me vi obligado a responder: «No, probablemente en la puerta de al lado, al otro lado del tabique en la misma casa, se encuentre el hombre más grandioso que nadie haya visto jamás». Cada individuo tiene una historia que vale la pena conocer si pudiera contarla, o si pudiéramos deducirla de él. El carácter y el ingenio tienen su propio magnetismo. Envía a un hombre serio a cualquier pueblo y encontrará a otro hombre serio, desconocido todavía para sus vecinos. Ésta es la gran felicidad de la vida: mejorar nuestras relaciones. La misma ley de promedios podría habernos asegurado que por cada cien cabezas habrá unas diez o cinco buenas cabezas. La moralidad se genera como la atmósfera. La génesis de ambas es un secreto, pero los manantiales de la justicia y el coraje no fallan más que los manantiales de sal o azufre.

El mundo siempre es opulento, los oráculos nunca son silenciosos, pero el receptor, con alegre templanza, debe ser llevado a lo alto de esa condición, esa salud juguetona que le permita dar y recibir con facilidad estas hermosas comunicaciones. La salud es la condición de la sabiduría, y la señal es la alegría, un carácter abierto y noble. Nunca ha habido un poeta que no tuviera el corazón en el lugar correcto. El viejo trovador, Pons Capdueil, escribió:

> A menudo he oído, y considero que el testigo es verdadero,
> en quien el hombre se deleita, Dios se deleita también.

Toda belleza caldea el corazón y es una señal de salud, de prosperidad y del favor de Dios. El poder divino ha marcado con este sello todo lo que dura y se ajusta al hombre. Lo que nos deleita, lo que nos libera, no lo que cicatriza y duele, es sabio y bueno para las palabras y para las artes. Pues en verdad, el corazón, que se halla en el centro del universo, con cada latido arroja un diluvio de la felicidad en cada arteria y cada vena, de modo que todo el sistema se inunda de oleadas de alegría. La abundancia del lugar más pobre es demasiado grande: la cosecha no puede ser recolectada. Cada sonido termina en música. El borde de cada superficie está impregnado de rayos prismáticos.

Se trata de un rasgo más del verdadero éxito. La buena mente elige lo que es positivo, lo que avanza; acoge lo afirmativo. Nuestro sistema es de pobreza. Se supone, como ya he dicho, que no existe más que un Shakespeare, un Homero y un Jesús, no que todos ellos sean o vayan a ser una inspiración. Pero debemos comenzar por afirmar. La verdad y la bondad subsisten para siempre. Es verdad que existe el mal y el bien, la noche y el día, pero no son iguales. El día es grandioso y decisivo. La noche es para el día, pero el día no es para la noche. ¿Cuál es esta demanda inmortal de exigir más que pertenece a nuestra constitución? ¿Cuál es este enorme ideal? No hay tal crítico ni mendigo como esta terrible Alma. Ninguna figura histórica nos satisface.

Conocemos la satisfacción de la justicia, la suficiencia de la verdad. Conocemos la respuesta que no deja lugar a preguntas. Conocemos al Espíritu por su tono victorioso. Las pruebas de búsqueda que se aplican a cada nuevo pretendiente son cantidad y calidad, ¿qué puede aportar? ¿En qué estado mental me deja? Tu teoría no es importante, pero ¿qué nuevos valores puedes aportar a la humanidad, o cuánto puedes mejorar la vida? Un hombre tan sólo es un hombre siempre y cuando haga la vida y la naturaleza más felices para nosotros.

Me temo mucho que la noción popular del éxito se opone directamente a todos los puntos del éxito real y sano. Uno adora la opinión pública, el otro la opinión privada; uno la fama, el otro el desierto; uno las hazañas, el otro la humildad; uno el lucro, el otro el amor; uno el monopolio y el otro la hospitalidad mental.

Podemos aplicar esta ley afirmativa a las letras, a las costumbres, al arte y a las decoraciones de nuestras casas, entre otras cosas. No creo que las ejecuciones, ni las torturas ni los lazaretos ni las fotografías espeluznantes del campo un día después de la batalla sean temas apropiados para las fotografías de la vitrina. En mi opinión, algunos de los denominados «temas sagrados» deben ser tratados con más genio del que he visto en los maestros del arte italiano o español para que sean imágenes adecuadas para casas e iglesias. La naturaleza no invita a tal exposición. La naturaleza establece el camino para cada criatura de forma concienzuda, firmemente apto para todas sus funciones, y luego lo oculta de manera escrupulosa. Observa con qué cuidado cubre el esqueleto. El ojo no lo verá; el sol no brillará sobre él. Hila los tejidos y los integumentos de la carne, la piel, el cabello y los bellos colores del día sobre él, y obliga a la muerte a meterse bajo tierra, se apresura a cubrirlo con hojas y vides, y limpia con delicadeza cualquier rastro de la nueva creación. ¿Quién y qué eres tú para dejar al descubierto la espantosa anatomía? No cuelgues un cuadro sombrío en la pared ni embadurnes tu conversación de pesimismo. No seas un predicador cínico y desconsolado. No llores ni te lamentes. Omite las proposiciones negativas. Danos valor con afirmaciones incesantes. No pierdas el tiempo en el rechazo, ni vociferes contra lo malo; corea la belleza de lo bueno. El parloteo y las críticas cesarán cuando se hable de lo que debe hablarse. No establezcas nada que no vaya a ayudar a alguien:

Pues todo don de origen noble
es exhalado por el aliento perpetuo de la
Esperanza.

La mayor de todas las afirmaciones es el amor. Tanto amor, tanta percepción. Lo calórico es para la materia lo mismo que es el amor para la mente; cuanto más se agranda, más se fortalece. La buena voluntad da lugar al conocimiento a medida que uno encuentra el camino hacia el mar embarcando en un río. He visto un gran número de personas que me puede acallar, pero busco a alguien que me haga olvidar o superar las frialdades e imbecilidades en las que caigo. Vasari afirma que el pintor Giotto renovó el arte porque puso más bondad en su mente. Despertar como hombre y elevar la autoestima, educar su sentimiento y juicio para despreciarse a sí mismo por una mala acción: ése es el único fin.

Es barato y fácil de destruir. No existe ningún muchacho dichoso ni ninguna muchacha inocente con buenos propósitos en toda la calle repleta de caras ilusionadas y positivas, pero un cínico puede enfriar y desalentar con una sola palabra. El desaliento llega con suficiente rapidez a los más optimistas. El cínico sólo tiene que seguir su pista con su amarga confirmación, y ellos revisan ese ritmo deseoso y audaz, y vuelven a casa con un paso más pesado y un envejecimiento prematuro. Con rapidez, ellos mismos darán la pista que quiere ese miserable. ¿Cuál de ellos no fracasó a la hora de agradar donde más lo deseaba? ¿O cometió un error garrafal donde más ambicionaba el éxito? ¿O estaba incómodo, o tedioso, o incapaz para estudiar, para pensar o para el heroísmo, y sólo esperaba que el buen sentido y la fidelidad hicieran lo posible y no ser culpado? Este astuto malhechor hace que su poca esperanza disminuya con sátira y escepticismo, y afloja los resortes del esfuerzo. Sí, esto es fácil, pero no lo es ayudar al alma joven, añadir energía, inspirar esperanza, hacer de las brasas una llama útil, redimir la derrota con un pensamiento nuevo y con una acción firme; eso es obra de los hombres divinos.

Vivimos en diferentes planos o plataformas. Hay una vida externa, que se enseña en la escuela: se aprende a leer, a escribir, a calcular y a negociar, así como a comprender todo lo que el niño puede conseguir, instándole a ofrecerse, a ser útil y agradable para el mundo, a montar, a correr, a discutir y a competir, a desplegar sus talentos, a brillar, a conquistar y a poseer.

Pero la vida interior permanece en casa, y no aprende a hacer cosas ni a valorar estas hazañas en absoluto. Es una percepción tranquila y sabia. Ama la verdad, porque ella misma es real; ama lo correcto, no conoce otra cosa, pero no progresa; era tan sabia en nuestros primeros recuerdos como lo es ahora; es la misma ahora en la madurez (y lo será con los años) que en la juventud. Hemos llegado a ser hombres y mujeres; tenemos poderes, conexión, hijos, reputaciones, profesiones: pero no los tiene en absoluto en cuenta. Vive en el grandioso presente; hace grandioso al presente. Esta alma tranquila, fundamentada y con visión de futuro, no es una recomendación expresa, ni un abogado ni un magistrado: yace en el sol y protege al mundo. Una persona de este talante le comentó una vez a un hombre de mucha actividad: «Te perdonaré que hagas tanto, y tú a mí que no haga nada». Y Eurípides afirma que «Zeus odia a los entrometidos y a los que hacen demasiado».

Acerca del autor

Ralph Waldo Emerson nació en Boston (1803) y falleció en Concord (1882). Poeta y filósofo estadounidense. Maestro por Harvard y pastor unitario (1829), renunció al sacerdocio (1832) tras perder a su esposa, aunque conservó el espíritu de su secta (que niega la Trinidad). En Europa, conoció a Coleridge, Wordsworth y Carlyle, y se inició en el idealismo alemán. Bajo el influjo de Carlyle, defendió la teoría trascendentalista, que sostiene que la esencia de las cosas se logra mediante un proceso de contemplación, intuición y éxtasis.

Establecido en Concord (1834), se casó de nuevo y publicó sus conferencias sobre la *Naturaleza* (1836) y su alocución sobre el *American scholar* (1837), donde su misticismo poético se presenta como trascendentalismo. En la revista oficial del movimiento homónimo, *The Dial*, publicó entre 1840 y 1844 diversos poemas; dictó las lecciones sobre los *Reformadores de Nueva Inglaterra* y en 1847 reunió a varios discípulos (Hawthorne y Ripley, fundador de la comunidad de Brook Farm).

De nuevo en Europa, sus charlas integrarían *Hombres representativos* (1850), sobre personajes que tipifican los principales modos de personalidad; del viaje surgiría también *Inglaterra y el carácter inglés* (1856). Es también el autor de *Ensayos* (1841-1844), *Método de la naturaleza y el hombre reformado* (1844), *Conducta de vida* (1860) y de *Sociedad y soledad* (1870).

Índice